AF217719

Finn und Frieda

finden den Frühling

Martin Klein

Kerstin Meyer

TULIPAN VERLAG

Finn und Frieda rannten zur Haustür. Sie waren spät dran. Die ganze Familie hatte verschlafen. Das gab es sonst nie.

Ihre Mutter meinte, der Grund sei Frühjahrsmüdigkeit. Ihr Vater nickte und gähnte ausgiebig. Finn und Frieda fanden, dass die Erklärung eine ziemlich müde Ausrede war. Schließlich gab es vom Frühling noch keine Spur. Und überhaupt – wieso sollte man davon müde werden?

Die Aussicht, zu spät in die Schule zu kommen, war nicht toll.

Finn war als Erster draußen und blinzelte überrascht. Die Sonne schien ihm warm ins Gesicht.

„Toll!" Er stand einfach da und freute sich. Diese Wärme musste man erst mal genießen, spät dran hin oder her.

„Was ist toll?" Frieda drängelte im Schatten hinter ihm. Dort war es kalt.

„Es ist warm draußen! Das letzte Mal ist hundert Jahre her!"

„Quatsch", sagte Frieda. „Vor hundert Jahren gab's nicht mal Autos und Internet!" Finn übertrieb gern etwas, aber bei Frieda funktionierten seine Übertreibungen nicht. Vielleicht lag es daran, dass sie so gut rechnen konnte. In der Mathematik gibt es keine Übertreibung.

„Autos gab es vor hundert Jahren schon längst", brummte Finn. Das war nur eine Vermutung. Aber er fand es wichtig, bei einigen Themen besser Bescheid zu wissen als seine Schwester. Finn schob Frieda in die Sonne.

„Toll", sagte Frieda, und: „Huch!"

„Wie: Huch?", fragte Finn.

Dann sah auch er den kleinen Stachelball. Er hockte reglos neben der Futterschale für die Nachbarskatzen.

„Ein Igel!" Finn flüsterte, um den Kleinen
nicht zu verschrecken.
„Ein Baby-Igel", murmelte Frieda. „Wie süß!
Aber wieso bewegt er sich nicht?! Ist er
etwa …?"

Sie sprach das Wort nicht aus.
„Quatsch." Finn schüttelte den Kopf. „Das
machen Igel immer so, wenn jemand in der
Nähe ist. Pass auf."
Er hockte sich hin und streckte vorsichtig
die Hand aus.
„Nicht!", rief Frieda ängstlich, aber Finn gab
dem Stachelball einen Stups.

Der schwankte hin und her und dann lag er
wieder still.

„Alles okay?", fragte Finn. Er stupste noch
einmal. Wieder wackelte der Stachelball für
einen Moment, aber sonst geschah nichts.

Frieda spürte, wie ihr die Tränen kamen.
Aber noch bevor sie weinen musste,
ruckelte die Stachelkugel. Sie wuchs ein
Stück in die Länge und an einer Seite
erschien eine schwarze Knopfnase.

Dann lief der kleine Igel schwerfällig
davon. Er schlingerte wie auf Glatteis und
schnaufte wie ein Opa. Raschelnd und
rasselnd verschwand er im Laub unter den
Vorgartenbüschen.

Die Kinder schauten ihm nach und Frieda rief: „Pass gut auf dich auf!"

„Kinder, warum geht's nicht voran mit euch?!", fragte Finns und Friedas Mutter. „Es ist allerhöchste Zeit!" Aufgeregt berichteten die Kinder vom Igel-Besuch. Ihre Mutter musste hoch und heilig versprechen, gut auf den Kleinen aufzupassen, bis sie aus der Schule zurück wären. „Klar, mach ich." Die Mutter nickte. „Und jetzt aber los!" Zwei dicke Jacken flogen an ihr vorbei Richtung Garderobe. Eine Wollmütze mit Schneeball-Bommel und eine Fußballmütze flatterten hinterher.

„Hallo?!", fragte sie verblüfft.

„Hör mal, Mama!" Finn legte den Zeigefinger auf die Lippen und schob die andere Hand hinters Ohr. Irgendwo über ihnen ertönte ein wunderschön gezwitschertes Lied und der strahlend blaue Himmel bot genau die richtige Bühne dafür.

Frieda seufzte wohlig.

„Bestimmt ein Meiserich oder so, der mit einer Meisin ein Nest bauen will. Das nennt man Frühlingsgefühle." Sie konnte sehr gut rechnen, aber sie war auch ziemlich romantisch.

„Das nennt man Frühlingsdoofheit", sagte Finn.

Ihre Mama lachte.

„Das ist eine Amsel, Schätzchen. Meisen können nicht singen. Um seiner Braut zu gefallen, muss ein Meiserich sich was anderes einfallen lassen."

„Ach und Hach! Seiner Braut! Eiteitei!" Finn
verzog das Gesicht. „Und tschüss!"
Er rannte los und Frieda raste hinterher.
„Moment!", ertönte es hinter ihnen. „Heute
ist zwar der erste warme Morgen seit
Monaten, und ein verliebter Vogel singt,
und der erste Igel ist aufgewacht, aber ihr
geht trotzdem noch in Winterjacken! Das ist
ein Befehl."
Kurz darauf liefen Finn und Frieda wie
immer in den letzten Monaten in ihren
dicken Jacken zur Schule.

Aus Protest ließen sie den Reißverschluss aber auch dann offen, als die Sonne unerwartet verschwand. Plötzlich froren sie wieder wie an einem bitterkalten Tag im Januar.

An diesem Morgen kamen Finn und Frieda zu spät in die Schule.
Es war ihnen sehr peinlich, aber ihre Lehrerin war ihnen nicht böse. Sie hatte nämlich vor Kurzem selbst einen Anfall von Frühjahrsmüdigkeit gehabt. Den Besuch des kleinen Igels fand die ganze Klasse sehr spannend. Die Lehrerin machte sogleich eine Unterrichtsstunde dazu.

Als die Schule zu Ende war, wussten Finn und Frieda über ihren morgendlichen Gast Bescheid:

Igel halten Winterschlaf.
In den wärmeren Jahreszeiten ruhen sie am Tag aus und gehen nachts auf Futtersuche.
Sie ernähren sich hauptsächlich von Insekten.

Finn und Frieda beeilten sich nach Hause zu kommen. Sie waren sehr gespannt, ob sie den Kleinen wiedersehen würden. Falls nicht, wollten sie nach ihm suchen. Aber das war nicht nötig.

„Da ist er!" Frieda machte vor Freude einen Sprung und Finn rief übermütig: „Hallo, Kaktus!"

Am Rand des Fußwegs zum Hauseingang
hockte der kleine Stachelball. Vorsichtig
traten Finn und Frieda näher. Der Igel
rührte sich nicht.
„Alles okay?" Finn versetzte
ihm einen kleinen Schubs
und der Körper kippte zur
Seite. Frieda jammerte
vor Schreck.

Vier Minipfoten paddelten in der Luft herum und aus dem verdrießlichen Koboldgesicht kam ein leiser Schnaufer.

Frieda weinte.

Finn spürte einen dicken Kloß im Hals, aber er schluckte ihn mühsam hinunter.

„Nun heul mal nicht gleich", sagte er heiser. „Er lebt ja noch."

„Aber er stirbt!", schluchzte Frieda.

„Nein." Finn schüttelte entschlossen den Kopf. „Wir werden ihn retten!"

„Was ist los?"

Besorgt kam Finns und Friedas Mutter herbeigeeilt und nahm ihre Tochter in den Arm. „Was hast du, mein Schatz?"

Frieda schluchzte nur. Sie konnte nicht gleichzeitig weinen und sprechen.

„Du hast versprochen, gut auf ihn aufzupassen, Mama!" Finn deutete wütend auf den Igel und seine Stimme überschlug sich fast. „Warum hast du das nicht getan?"

„Ach, herrje." Die Mutter schaute von dem reglosen Tier zu ihren Kindern. „Entschuldigt bitte", seufzte sie. „Das tut mir so leid. Wartet, ich hole dem Kleinen als Erstes eine Schale Milch. Das hilft ihm bestimmt!"

„Ouf koinen Foll!!" Friedas Worte wurden von Tränen erstickt und obendrein presste sie den Mund an die Schulter der Mama. „Ügel hobn Loctose-Üntoleronz!"

„Wie bitte?"

„Igel vertragen keine Milch", erklärte Finn. Seine Mutter staunte.

„Was ihr alles wisst."

„Weiß doch jeder." Finn zuckte mit den Achseln. Seine Mutter klatschte energisch in die Hände.

„Auf geht's! Wir haben keine Zeit zu verlieren!"

Eine halbe Stunde später saßen sie im
Wartezimmer der Tierärztin.

Frieda hielt einen Pappkarton auf dem
Schoß. Er war innen mit Zeitung ausgelegt
und eine Lage Taschentücher diente als
Igel-Bett. Vor ihnen warteten ein Kaninchen
mit Blähungen und ein Hunde-Mischling mit
verstauchter Pfote.
Danach waren sie dran.

„Schau an, der erste Frühlings-Igel." Die Tierärztin lächelte, als sie den kleinen Patienten sah. Aber sie wurde sofort wieder ernst. „Das ist ein Jungtier vom vergangenen Jahr. Oje, sehr mager, der Kleine."

Sie streifte Gummihandschuhe über, nahm den Igel mit geübtem Griff aus dem Karton und setzte ihn auf eine Waage. Sie stellte dieses und jenes mit ihm an und erzählte viel über Igel-Pflege. Am Ende pikste sie dem Patienten eine Mini-Spritze in den Bauch. Er zuckte und gab einen leisen Ächzer von sich.

„Die gute Nachricht ist: Er hat keine Wunden und keine Würmer", sagte die Ärztin. „Die schlechte lautet: Er ist viel zu früh dran und viel zu leicht."

„Und was heißt das?", fragte die Mutter.

„Das heißt: Ich kann nichts versprechen. Versuchen Sie ihn durchzubringen oder bringen sie ihn zu einer Igelstation. Die

nächste ist allerdings ziemlich weit entfernt und die Leute dort können auch nicht zaubern. Die größten Chancen hat unser stacheliger kleiner Freund, wenn einfach so bald wie möglich der Frühling kommt. Dann wird er wieder fit."

Die Ärztin zwinkerte Finn und Frieda aufmunternd zu.

„Wie wär's, wenn ihr euch darum kümmert?"

„Dass der Frühling kommt, meinen Sie?", fragte Finn zurück.

„Um den Igel und um den Frühling, genau!" Die Ärztin zwinkerte noch einmal. „Wir warten alle schon lange darauf, oder?"

Finn nickte entschlossen.

„Okay, wird gemacht."

Frieda warf dem kleinen Igel einen Blick zu. Er hockte erschöpft auf seinem Taschentuchbett und atmete schwer.

„Wir werden den Frühling finden", sagte Frieda. „Darauf können Sie sich verlassen."

Die nächsten Wochen verbrachte der kleine Igel in seinem neuen Pappkarton-Heim. Er bekam Wasser aus einem Blumenuntersetzer, etwas Katzenfutter, ein bisschen zerkleinertes Hühnerfleisch, ein paar Tropfen Maisöl und etwas Kleie.
Finn und Frieda suchten außerdem fieberhaft nach Käfern, Tausendfüßlern, Spinnen, Asseln und ähnlichem Getier. Aber die Insekten blieben verschwunden, genau wie der Frühling. Draußen hielten sich hartnäckig Kälte und kahles Grau. Dennoch wurde der kleine Igel allmählich munterer und schließlich wurde er unruhig. Abend für Abend eilte er an den Innenwänden des Kartons entlang.
Ohne Rast und Ruhe lief er so lange hin und her, bis er nicht mehr konnte.
Finn und Frieda machten sich große Sorgen.

„Er ist gefangen", stellte Finn fest. „Und
verbraucht seine neue Kraft ohne Sinn."

Die Sache war klar: Es war höchste Zeit, den Frühling zu finden. Die beiden dachten scharf nach und dann hatten sie die Lösung.

Erstens: Der Frühling war am besten im Park zu entdecken. Zweitens: Der Mensch, der dabei am allerbesten helfen konnte, war Opa Reinhold. Er kannte die Natur so genau wie Kinder die Süßwarenabteilung im Supermarkt. Der Opa freute sich über den Anruf. Er versprach sofort, den Frühling gemeinsam mit seinen Enkeln aufzuspüren, um den Igel zu retten. Auch Finns und Friedas Mutter war mit dem Plan einverstanden.

Kaum war Opa Reinhold eingetroffen, zogen die drei Frühlingsfinder los. Der Weg zum Park führte erst einmal weit durch ihren Stadtteil.

Die Wintermonate hatten das Gras der Vorgärten hellgrün werden lassen. Es

war fast bleich. Nur wer genau hinsah,
erkannte dazwischen schmale Blättchen
in kräftigem Dunkelgrün. In ihrer Mitte
wuchsen schlanke Knospen. Finn entdeckte
die erste geöffnete Blüte. Sie trug ein
wunderschönes, zartes Violett.
„Ich habe die erste Tulpe entdeckt!", rief er.
„Sie ist mini, aber sie gehört zum Frühling,
oder etwa nicht?"
„Das ist ein Krokus", widersprach Frieda.

„Stimmt!" Opa Reinhold nickte
anerkennend. „Und Krokusse gehören zu
den ersten Frühlingsboten."
„Hauptsache, Frühling!", sagte Finn.
Opa Reinhold lächelte und machte seine
Enkel auf einen kleinen grünen Vogel
aufmerksam.
„Schaut mal, Kinder: ein Grünfink!"
Frieda schaute genau hin: „Er hat einen
Zweig im Schnabel!"

„Also baut er ein Nest!", rief Finn.

„Und das bedeutet Frühling!", rief Frieda.

Wenig später liefen Finn und Frieda an ein paar blühenden Gänseblümchen und jungen Brennnessel-Trieben vorbei. Sie schenkten ihnen keine Beachtung, aber Opa Reinhold blieb stehen.

„Achtung, Kinder, jetzt wird's richtig interessant! Früher einmal, als mein Opa noch ein kleiner Junge war, da ..."

„Volltreffer!!", rief Finn begeistert. „Voll viel Frühling auf einmal!"

Er zeigte auf einen Krähenschwarm. Aber das war ein Irrtum. Die Krähen trieben sich das ganze Jahr über in der Gegend herum, genau wie die Tauben und Elstern.

Als Nächstes stießen die Frühlingsfinder auf Feuerwerksreste. Sie waren zerfetzt und schmuddelig und lagen seit Silvester herum. Sie hatten viel mit dem neuen Jahr, aber nichts mit dem Frühling zu tun.

Am Fuß eines Baumstamms fiel Finn und
Frieda ein rot-schwarzes Gekrabbel auf.
Das war eine Gruppe Feuerwanzen.
„Jetzt kommen wir der Sache schon näher",
murmelte Opa Reinhold.
„Supertoll!", riefen
Finn und Frieda.
„Super,
super,
super!"

Noch nie in ihrem Leben hatten sie sich
so sehr über Insekten gefreut wie in
diesem Moment. Ihr Opa wunderte sich ein
bisschen.

„Bestes Igelfutter!", erklärte Finn und fing
so viele rot-schwarze Viecher, wie
in seine Spezialdose für kleine
Funde aller Art passten.

„Tut uns leid, Käfer", sagte Frieda.

Bis zum Park war es jetzt nicht mehr weit. Als
sie ihn erreichten, fuhr der Großvater mit der
Geschichte aus der fernen Zeit fort, als sein
Opa noch ein Kind gewesen war.

Damals konnte es leicht passieren, dass
die Menschen nicht genug zu essen hatten.
Oft geschah das am Ende des Winters,
denn die Vorräte waren aufgebraucht und
neue Ernten gab es noch nicht. Um nicht zu
verhungern, sammelten die Leute die jungen
Triebe der ersten essbaren Kräuter und
kochten sie.

„Das war die Sieben-Kräuter-Suppe,
Kinder!", verkündete Opa Reinhold. „Und
die Zutaten dafür sammeln wir jetzt! Mit
einer echten Sieben-Kräuter-Suppe ist der
Frühling nicht mehr aufzuhalten!"
Finn und Frieda schwärmten aus. Sie
liefen mit gesenkten Köpfen wie junge
Hunde kreuz und quer über die große
Parkwiese. Nach und nach fanden sie
frische Blättchen vom Löwenzahn,
von der Vogelmiere, vom Giersch,
vom Gänseblümchen, von
der Brennnessel und von der
Gundelrebe. Opa Reinhold erklärte,
welche Pflanze zu welchem
Namen gehörte, und verstaute das
Grün in seinem Ausflugsrucksack.

„Bis jetzt haben wir aber nur eine Sechs-Kräuter-Suppe", sagte Frieda besorgt. Sie hatte genau mitgezählt.

Finn zuckte mit den Schultern.

„Sechs sind so gut wie sieben."

Frieda schüttelte den Kopf, denn diese Aussage hatte mit genauem Rechnen nichts zu tun. Aber Opa Reinhold meinte, eine Suppe mit sechs Kräutern sei auch schon mächtig wirksam. Die Pimpinelle sei als siebtes Kraut immer etwas schwierig zu finden. Vielleicht hinge das mit dem Namen zusammen. Pimpinellen seien komplizierte Geschöpfe.

Am Ende der Parkwiese erreichten sie einen Teich. Dünne Eisschollen trieben träge im Wasser.

Dann hörten die Frühlingsfinder ein rätselhaftes Brummen.

Vorsichtig näherten sie sich dem Geräusch.
Gab es im Park eine Brumm-Maschine?
War ein Propellerflugzeug in der Nähe?
Je näher die Kinder einer großen Weide
kamen, desto deutlicher hörten sie es:
Die alte Weide brummte wie ein Bär. Kurz
darauf standen sie unter der Krone und
schauten einem riesigen Flugbetrieb zu.
Unzählige Bienen schwirrten zwischen den
Zweigen herum und besuchten unzählige
Blüten mit gelben Punkten.
„Das sind Millionen", murmelte Finn.
„Nein." Frieda schüttelte den Kopf. „Aber
ein paar Tausend sind es schon und das
ist auch ganz schön viel." Sie konnte nicht
nur genau rechnen, sondern auch prima
schätzen.
Als ihr Frühlingsausflug zu Ende ging,
hatten Finn und Frieda ihre Winterjacken
sieben Mal aus- und wieder angezogen.
Genauso oft war es in der Sonne mit Jacke

zu warm und im Schatten ohne Jacke zu kalt geworden.

Opa Reinhold sagte, das gehöre genauso zum zeitigen Frühling wie die Sieben-Kräuter-Suppe und wie die Weidenblüte und wie die ersten Bienen und wie der naseweise junge Igel, der zu früh aus dem Winterschlaf erwacht war.

Zu Hause angekommen, erzählte Finn dem Igel genau von all den Frühlingsfunden. Frieda spottete nicht darüber, obwohl sie sicher war, dass Igel keine Menschensprache verstehen. Aber das wusste ihr Bruder schließlich auch. Und genau wie Finn fühlte Frieda eine seltsam enge Verbindung zum kleinen Stacheltier.

Jedenfalls war der
Igel dabei, als sie noch ein
paar ganz besondere Botschaften
aussandten. Finn und Frieda ließen
mithilfe ihres Opas Luftballons steigen.
Daran waren Zettel mit Botschaften für die
Zugvögel befestigt:

LIEBE STÖRCHE UND SCHWALBEN!
BITTE KOMMT ENDLICH WIEDER!
DER FRÜHLING IST SCHON DA:
WIR HABEN IHN GEFUNDEN!

Am Abend kochte die ganze Familie Zehn-Kräuter-Suppe.

Finn und Frieda taten ihre sechs Kräuter plus Petersilie, Schnittlauch, Pfeffer und Frühlingszwiebeln hinein. Dazu kamen noch Möhren, Nudel-Sternchen und Hühner-Brühe. Die Ungefähr-Zehn-Kräuter-Suppe schmeckte allen so herrlich wie schon lange nichts mehr.

Für den kleinen Igel zwackte Finn etwas
Brühe ab und tat alle Feuerwanzen hinein,
die er beim Ausflug eingesammelt
hatte. „Tut mir leid, Käfer",
murmelte er und füllte die
Feuerwanzen-Suppe in den Futternapf.

An diesem Abend saßen Finn und Frieda
mit ihren Eltern bis tief in die Dunkelheit auf
der Terrasse. Mama und Papa hielten sich
an den Händen und lächelten in einem fort.
Opa Reinhold war auch noch da und seine
Freundin Frau Kleemann. Auch diese beiden
lächelten ohne Pause und auch sie kamen
keinen Moment ohne Händchenhalten aus.
Erst trugen alle nur Pullover, später
kamen dicke Jacken dazu und noch später
wurden vier Decken geholt. Die Eltern
und Opa Reinhold plus Frau Kleemann
begnügten sich eng umschlungen jeweils
mit einer Decke.

Finn und Frieda nahmen jeder eine. Das war viel bequemer.

Der kleine Igel leistete den Menschen Gesellschaft. Seine Igel-Herberge stand zwischen Finns und Friedas Liegestühlen. Mama zündete Windlichter an und Papa holte den Rotwein für besondere Tage aus dem Regal. Finn und Frieda tranken heißen Traubensaft.

„Hach!", sagte die Mutter und Opa Reinhold sagte: „Habe ich nicht tolle Enkel?" Und Frau Kleemann seufzte: „Ist das nicht romantisch?"

Die Erwachsenen lächelten und lächelten. Sie hörten gar nicht mehr auf zu lächeln.

„Puh", sagte Finn und Frieda fragte: „Ist irgendetwas Besonderes, oder was?"

„Oh ja." Ihre Mutter lächelte noch mehr, was fast unmöglich war. „Der Frühling ist gekommen!"

„Und ihr habt ihn entdeckt", brummte Opa Reinhold wohlig wie ein Bär in einem Honigfass.

„Frühlingsgefühle", brummte der Vater wie eine Riesen-Biene in einem Weidenbaum.

Der kleine Igel schnaufte und rasselte. Es klang nicht mehr schwach, sondern kraftvoll und tatendurstig. Es hörte sich an wie: „Ich bin bereit!"

Finn und Frieda schnitten einen Ausgang
in den Pappkarton und ließen das Igelhaus
über Nacht auf der Terrasse stehen. Am
nächsten Morgen war der kleine Igel fort.
Aber den ganzen Sommer über kam er zu
Besuch und eines Tages im Juli tippelte ein
Baby-Igel hinter ihm her.

Martin Klein, geboren 1962 in Lübeck, verbrachte seine Kindheit im Ruhrgebiet und machte am Niederrhein Abitur. Er wurde Sportstudent, Landschaftsgärtner, Diplom-Ingenieur und Autor. 1990 erschien sein erstes Kinderbuch. Viele weitere folgten. Sie wurden bislang in 13 Sprachen übersetzt und erhielten verschiedene Auszeichnungen. Martin Klein lebt in Berlin und Potsdam.

Kerstin Meyer wurde 1966 in Wedel bei Hamburg geboren. Sie studierte Illustration und Gestaltung an der Fachhochschule in Hamburg. Schon während ihres Studiums arbeitete sie an Trickfilmen und hatte erste Kinderbuchprojekte. Seitdem illustriert sie Texte von u. a. Cornelia Funke, Martin Klein, Markus Orths und Andreas Steinhöfel. Kerstin Meyer lebt und arbeitet in Hamburg. Ansonsten reist sie gerne oder beackert ihren Garten.

Besucht uns auf Facebook und Instagram!

© Tulipan Verlag GmbH, München 2018
Alle Rechte vorbehalten
1. Auflage 2018
Text: Martin Klein
Bilder: Kerstin Meyer
Lektorat und Redaktion: Eva Jaeschke
Gestaltung: Anette Beckmann
Druckvorstufe: bildpunkt GmbH, Berlin
Druck: Grafisches Centrum Cuno GmbH & Co. KG, Calbe
ISBN 978-3-86429-411-2

TULIPAN ABC – Literatur für Erstleser

„Ungewöhnlich und literarisch anspruchsvoll – so präsentiert
sich das Erstleseprogramm des Tulipan Verlags."
spielen und lernen

Lesestufe A ab 6 Jahren

Lesestufe B ab 7 Jahren

Lesestufe B ab 7 Jahren

 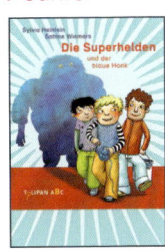   

TULIPAN-Newsletter
Tolle Lesetipps kostenlos per E-Mail!
Mehr auf www.tulipan-verlag.de